# COLLECTION

# DE M. STRAUSS

מלא אתם חכמת לב לעשות. כל
מלאכת חרש וחשב ורקם

L'Éternel a doué ces artistes d'un grand
talent pour exécuter toute œuvre de ciseleur,
de tisserand et de brodeur.

Exode, xxxv, 35.

# COLLECTION

# DE M. STRAUSS

מלא אתם חכמת לב לעשות כל
מלאכת חרש וחשב ורקם

L'Éternel a doué ces artistes d'un grand
talent pour exécuter toute œuvre de ciseleur,
de tisserand et de brodeur.
(*Exode*, xxxv, 35).

COLLECTION DE M. STRAUSS

# DESCRIPTION

DES

# OBJETS D'ART RELIGIEUX

## HÉBRAÏQUES

*Exposés dans les galeries du Trocadéro, à l'Exposition universelle de 1878.*

TABERNACLE EN BOIS SCULPTÉ
OBJETS D'ORFÉVRERIE — BIJOUX — MANUSCRITS
ÉTOFFES BRODÉES

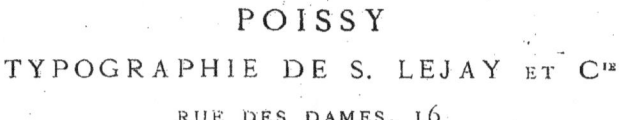

POISSY
TYPOGRAPHIE DE S. LEJAY ET Cᴵᴱ
RUE DES DAMES, 16

1878

COLLECTION DE M. STRAUSS

# DESCRIPTION

DES

# OBJETS D'ART RELIGIEUX

## HÉBRAÏQUES

*Exposés dans les galeries du Trocadéro, à l'Exposition universelle de 1878.*

TABERNACLE EN BOIS SCULPTÉ
OBJETS D'ORFÉVRERIE — BIJOUX — MANUSCRITS
ÉTOFFES BRODÉES

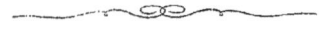

POISSY
TYPOGRAPHIE DE S. LEJAY et Cᴵᴱ
RUE DES DAMES, 16

1878

# PRÉFACE

La remarquable collection d'œuvres d'art israélite qui sont décrites dans ce catalogue est probablement la seule de ce genre qui existe; c'est à force de soins, de recherches consciencieuses et persévérantes en France et à l'étranger, que M. Strauss est parvenu à réunir cette série d'objets d'art d'un caractère si particulier, et qui offrent un très-grand intérêt à tous les points de vue.

On sait que le Décalogue a défendu aux Juifs pour empêcher l'idolâtrie, la reproduction de toute image, de toute figure d'un être vivant. Le domaine de l'art fut donc forcément restreint chez ce peuple tant qu'il habita la Terre Sainte; il le fut encore chez les Israélites, dispersés parmi les nations et qui continuèrent à observer rigoureusement les commandements bibliques.

Mais l'instinct artistique, inné chez l'homme, a une telle puissance que, malgré l'interdiction formelle de la loi, malgré le respect de la parole divine, les Israélites ne purent rester totalement étrangers aux arts plastiques, surtout en Europe. En effet, malgré les préjugés et les haines religieuses, en dépit des persécutions, les Juifs ne furent jamais séparés des Chrétiens d'une façon absolue. Il y eut toujours, entre les deux populations, assez de points de contact pour que le milieu pût exercer son influence et favoriser le mouvement artistique chez les Juifs.

Mais, par suite de leur situation précaire même, le peu d'activité des Juifs sur ce terrain prit une direction particulière et très-restreinte. Toujours persécutés, incertains du lendemain, sans cesse exposés à être chassés du pays où ils vivaient, ils ne pouvaient guère songer à de grandes œuvres d'ornement pour leurs synagogues, très-simples, et leurs demeures dont le caprice d'un prince, ou la fureur de la multitude, pouvait les éloigner à chaque instant. Leurs seules joies, leurs seules consolations, c'étaient une fidélité inébranlable à leur foi, et l'amour profond, exalté de la famille.

Tout ce qu'ils produisirent en fait d'art, directement, ou indirectement, se rapporte aux objets mobiliers du culte public ou du culte domestique; ce dernier, en effet, était chez eux une partie intégrante de la vie d'intérieur : chaque fait, chaque acte de l'existence était devenu pour eux matière à prescription, et l'occasion d'une cérémonie à la fois familiale et religieuse.

Les artistes qui ont produit dans la spécialité qui nous occupe, se sont donc exclusivement attachés à l'ornementation des objets nécessaires au culte public ou privé ; on verra que sur ce terrain on a successivement éludé, puis totalement transgressé le commandement du Décalogue qui interdit la représentation, l'image d'aucune créature.

Honorer et respecter la loi sainte, c'est-à-dire les cinq livres de Moïse, est un des premiers devoirs religieux. Il était donc tout naturel qu'on songeât tout d'abord à entourer d'ornements ces mêmes livres; quant à couvrir le Pentateuque lui-même d'enluminures ou de dessins, il ne fallait pas y penser, tant était, et est encore grande la vénération pour la forme traditionnelle, minutieusement réglée jusque dans ses moindres détails. On réserva ce genre de décoration et d'enjolivements pour les rituels, les livres de prières spéciales à certaines cérémonies de Pâques, le livre d'Esther.

Il existe un certain nombre de ces manuscrits sur parchemin, dont les enluminures sont remarquables de netteté et de fraîcheur et dont l'exécution dénote parfois autant d'habileté que de vrai sentiment artistique.

Le Pentateuque, dont on se sert pour la lecture de la Bible au Temple, a conservé la forme des livres chez les anciens. C'est une longue bande de parchemins cousus les uns aux autres, fixée et enroulée sur deux baguettes : ces baguettes sont passées chacune dans deux petits cercles de bois qui permettent de dérouler le livre sur le pupitre de l'officiant. Quand le livre est fermé, on le couvre d'un étui en étoffe précieuse, ornée de dessins en broderie et d'inscriptions; les baguettes sont terminées en haut, tantôt par une couronne qui porte sur les deux, tantôt par deux petits couronnements séparés et symétriques. Par-dessus l'étui on suspend une espèce de pectoral en argent ou en vermeil, ciselé, orné de figures et portant généralement au milieu, sur une plaque mobile le nom de la fête que l'on célèbre.

A ces ornements, il faut ajouter la *main*, une baguette en métal précieux terminée par une main à l'index étendu et qui sert à l'officiant pour suivre le texte dans le livre sacré.

L'arche est l'armoire dans laquelle se placent les livres saints; ses dimensions prêtent plutôt aux ornements de caractère architectural; mais les familles riches avaient très-fréquemment des oratoires dans leurs demeures particulières, où se faisaient les prières journalières; il s'y trouvait dans ce cas, un seul exemplaire du livre saint gardé dans une petite arche portative, parfois très-riche, et qui était souvent un objet artistiquement travaillé et même orné de pierreries. La collection de M. Strauss comprend une de ces arches portatives, très-remarquable. Elle possède également une autre de grande dimension et un pupitre du même style, le tout provenant incontestablement d'une synagogue italienne.

— v —

Le chandelier à huit branches, appartient aussi au culte public et au culte domestique et varie par conséquent de dimension. Ce chandelier sert aux illuminations que l'on fait pendant les huit jours de la fête des Macchabées. Disons, en passant, qu'il ne faut pas le confondre avec le chandelier à sept branches du temple de Jérusalem, bien qu'il en affecte la forme, et en reproduise parfois les dispositions prescrites par la Bible. Ainsi que nous le verrons, pour le culte domestique la forme change; ce n'est plus généralement un chandelier à huit branches, mais une lampe à huit becs pour contenir l'huile. Un neuvième bec mobile sert à allumer les autres.

Les bénédictions prononcées sur le vin, au temple et dans les cérémonies en famille, nécessitaient l'emploi de coupes qui offraient naturellement aux artistes un motif d'exercer leurs talents. Il fallait également un vase en forme de coupe ou de panier pour y placer le cédrat qui figure dans la solennité des Palmes, aux fêtes des Tentes.

La cérémonie de clôture du sabbat a donné naissance à un objet de formes assez curieuses. Cette cérémonie, toute symbolique se fait, au temple et dans les maisons au moment où, le sabbat étant terminé, il est permis de faire du feu et de la lumière, actes interdits pendant le jour du repos.

On allume une bougie; en même temps on prononce

une bénédiction sur le vin et sur des parfums, — symbole des plus mystiques — que l'on respire pendant la cérémonie. Les artistes se sont donc ingéniés à créer un bijou qui comprît à la fois une boîte pour contenir les parfums, et une pointe, ou toute autre combinaison pour maintenir la lumière. La forme la plus commune est celle d'une tour carrée, flanquée de tourelles aux angles et contenant la boîte; la toiture est terminée par une flèche de façon à pouvoir y fixer la bougie. Dans quelques spécimens, l'artiste a ménagé un cercle pour y serrer la coupe servant à la bénédiction du vin. L'ensemble porte le nom de cassolette d'*Habdala, séparation* (du sabbat de la semaine.)

Les ustensiles nécessaires à l'opération de la circoncision, étaient également transformés parfois en objets d'art par la piété et suivant le goût de l'opérateur; on faisait graver ou ciseler le manche du couteau, le fond des coupes, etc...

A ces bijoux il faut ajouter la bague des fiançailles offerte par le futur; elle est d'une forme très-massive, surmontée presque toujours d'une sorte de toiture en forme de prisme, et ornée quelquefois de têtes de lion; la veille et le jour des noces, les fiancés portaient aussi une ceinture qui était un véritable travail d'art en métal précieux.

Les emblêmes employés dans ces sortes de travaux sont : les deux tables du Décalogue, la couronne, figurant *la couronne de la loi,* expression talmudique, le chandelier, deux mains étendues comme les tenaient les prêtres en bénissant le peuple, c'est-à-dire les quatre doigts réunis deux à deux, le pouce séparé. Ce signe indique que l'objet était la propriété ou le don d'un descendant de la famille d'Aaron, portant le nom de Kahn, Cohn, et les noms analogues (prêtre). L'aiguière, avec ou sans bassin, quand il s'agissait d'un Lévy. Les Lévites, en effet, servaient les prêtres au temple et leur versaient de l'eau pour l'ablution des mains. Enfin, quelque fois la branche de palmier, le double triangle ou étoile à six pointes, dite le bouclier de David, et plus rarement encore les figures de Moïse et d'Aaron.

Un des motifs d'ornementation qui revient le plus fréquemment sur les rideaux brodés couvrant l'arche sainte et sur le pectoral de la loi, ce sont deux lions passants, posés sur des colonnes, généralement torses, et soutenant la couronne de la loi. C'est évidemment le lion héraldique qui s'est transformé pour la circonstance et est devenu le lion personnifiant Juda, aux termes de la bénédiction de Jacob, donnée à ses fils avant sa mort; si bien qu'on peut voir les lions remplacés par des cerfs; c'est qu'alors le donateur s'appelait Nephtali, symbolisé par le cerf, selon la même bénédiction.

Ces œuvres sont elles dues à des artistes Israélites ou Chrétiens? Il faut se rappeler que les Israélites ont apporté de l'Orient le goût des bijoux; ils s'occupaient beaucoup de joaillerie et il n'y aurait rien d'étonnant à ce qu'ils soient devenus eux-mêmes artisans en orfèvrerie ; enlumineurs et brodeurs, ils pouvaient l'être également dans leur ghetto, sans appartenir pour cela à un corps de métier, ce dont on n'a guère d'exemple, et ils ont certainement même exécuté ces derniers genres de travaux pour les livres et les objets de leur culte. Quant aux œuvres d'orfèvrerie, nul doute que les Chrétiens y ont eu une certaine part.

M. J. Loeb, le savant secrétaire de l'Alliance Israélite Universelle, a bien voulu nous communiquer un document fort curieux remontant au xv<sup>e</sup> siècle et qui ne laisse subsister aucun doute à ce sujet. C'est un traité, écrit en latin, entre les chefs de la communauté d'Arles et un orfèvre chrétien et dont voici les traits principaux :

« Le 24 mars 1439, les juifs Massip, Durone, Bonsenhor d'Argentières, Bonjahes de Beaucaire et Boniac Bonfils, *baylons* (chefs) de la synagogue des Juifs d'Arles, commandèrent à maître Robin Asard, argentier d'Avignon, une couronne pour le rouleau de la loi, ou, comme on disait alors, pour le *rôle des Juifs*.

Ils signèrent à cet effet, au nom de la communauté des Juifs et devant notaire, une convention très-curieuse, où la couronne commandée, qu'ils désignaient sous le nom hébreu *d'atarah* est décrite avec le plus grand soin. Par cette convention, maître Robin s'engage à faire une couronne en argent, de forme hexagonale et ayant pour armature intérieure un tambour carré en cuivre, qui devait être fourni tout fait par les Juifs. Ceux-ci devaient fournir également six plaques (cayres, côtés) en cuivre, dont on verra l'usage plus loin, et enfin tout le métal précieux nécessaire pour la fabrication de la couronne.

Celle-ci aura aux angles six tours avec piliers, et d'un pilier à l'autre, un portail fait comme un *édifice de maçonnerie*.

Le bord supérieur de la couronne sera garni, au-dessus des portails, de créneaux et de barbacanes (meurtrières) et de même les piliers et les tours seront garnis de créneaux, de barbacanes et d'arbalétriers.

Ces ouvrages seront établis dans toute la circonférence de la couronne, sur une construction ressemblant au fondement d'une forteresse, et, au défaut de ces fortifications, sur les six plaques de cuivre, l'argentier installera un socle rond, qui portera un donjon élevé avec créneaux et barbacanes, et qui sera relié par une construction bourdonnée au reste des ouvrages.

Toutes les autres surfaces de la couronne seront ouvragées et ornées de feuillages, les plus beaux que l'argentier puisse et sache faire, et avec dorures appropriées.

Sur chacun des piliers indiqués ci-dessus, il y aura

une tête de lion, d'où sortira une chaîne en argent. Cette chaîne se terminera par trois bouts, garnis chacun d'un grelot ou clochette en argent.

Maître Robin ajoutera à une ancienne couronne de la synagogue, cinq piliers comme ceux qui sont décrits ci-dessus.

Il fera tout le travail dans la maison de Bonjuhes Carcassonne d'Arles, où une chambre sera mise à sa disposition.

Il recevra pour le tout, 50 florins d'Arles, savoir : 30 en commençant, 20 lorsqu'il aura fini son travail.

Enfin, il lui est interdit de travailler à la couronne le samedi et les autres jours de fête des Juifs. »

L'influence de l'art Chrétien perce du reste à chaque instant dans ces travaux, notamment l'art italien. Ainsi, parmi les lampes à huit becs de la collection de M. Strauss, il en est une avec un fronton triangulaire, percé d'une rosace romane; c'est le pur roman du XIIIe siècle et l'artiste s'est évidemment inspiré de la façade d'une église.

La représentation d'êtres vivants, si rigoureusement interdite par Moïse, fut néanmoins admise peu à peu dans les ornements. On reproduisit d'abord des animaux, puis même des hommes, de façon toutefois qu'on ne vît point de *figure*, le mot textuel du Décalogue. Nous pourrions citer tel rideau brodé d'un tabernacle, représentant le sacrifice d'Abraham, et où les personnages, Abraham, Isaac et l'ange, sont vus de dos ou dans le profil le plus fuyant possible.

Les anges furent reproduits aussi, comme on voit et même bien des fois sans aucune restriction pour la figure. Ainsi, sur l'un des pectoraux de notre collection, on voit quatre figurines d'anges, deux grands et deux petits. C'est incontestablement l'œuvre ou au moins l'inspiration d'un artiste Chrétien. Les Juifs n'ont jamais connu l'ange que comme un messager de Dieu, un serviteur, un être de formes accomplies. Le Talmud dit bien que le Cherub (Chérubin) avait une figure d'adolescent; néanmoins on peut dire que l'ange, sous les traits de l'enfant, est une conception plutôt chrétienne; on voit qu'elle est parvenue à s'introduire jusque dans le temple Juif.

Les œuvres de la curieuse collection de M. Strauss, appartiennent en grande partie au XVI<sup>e</sup> siècle et au siècle suivant. Quelques-uns cependant sont antérieurs et remontent jusqu'au XIII<sup>e</sup> siècle, notamment la lampe romane dont nous avons parlé. La collection est assez nombreuse, et il a fallu une véritable passion de l'art et une persévérance rare pour réunir tous ces objets d'un caractère si particulier.

D'autres objets viendront sans doute encore la grossir;

mais, telle qu'elle est, elle forme un ensemble, probablement unique en son genre; ensemble du plus haut intérêt pour l'artiste et l'amateur, et offrant un champ fécond pour l'observation et l'étude du mouvement artistique, dans le domaine si peu exploré de l'art hébraïque du passé.

M. Alfred Gérardin, le dessinateur consciencieux, a bien voulu se charger de la partie artistique de ce catalogue. Nous n'avons pas à apprécier ici la valeur de ces desseins, il suffira de dire qu'ils figurent en ce moment à l'Exposition des œuvres des artistes vivants.

Tous les objets ont été dessinés d'après nature avec une grande exactitude. La fidélité du rendu permettra aux savants amateurs de se faire une idée précise de la valeur de la collection de M. Strauss, lors même qu'ils n'auraient pas la satisfaction de la voir et de l'étudier de leurs propres yeux.

Georges STENNE.

N° 1. — ARCHE SAINTE (Aron Hakodesch) ארון הקדש

Cette arche sert à renfermer les rouleaux de la Loi Sacrée ספר תורה ; elle date de la Renaissance italienne, et est en bois de noyer ; elle est ornée de cinquante-quatre petits panneaux sculptés à jour, de style gothique, de sept dessins différents.

Chaque panneau est encadré d'un travail de marqueterie dont les dessins, au nombre de quatre, alternent avec les dessins des panneaux. Les entablements supérieur et inférieur sont supportés par des colonnes torses peintes des couleurs rouge, noir et or, décoration qui se retrouve dans les principales moulures du meuble.

Cette arche porte les inscriptions suivantes :

1° Au fronton dans un écusson ovale : קדש לה

(Consacré à l'Éternel).

2° Egalement au fronton :

שלם : תורת ה תמימה משיבת נפש עדות ה נמפפחי מלם

(Paix — *La loi de l'Éternel est juste, elle sauve les âmes*).

3° Sur la frise du milieu :

לאלפי חמשה שבת ברכי נפשי את ה הללויה

(*Fait en l'an cinq mille. Que mon âme loue le Seigneur. Alleluiah !*)

Cette dernière inscription, par les points qui surmontent quelques-uns des caractères qui la composent, fixe la date exacte de l'ère hébraïque ; elle devient par un calcul de concordance, l'an 1505 de l'Ère chrétienne. Ce tabernacle provient de la synagogue de Modène.

Hauteur, 2 m. 65. — Largeur, 1 m. 30. — Profondeur, 70 cent.

N° 2. — PUPITRE DE L'OFFICIANT (Théba) תנה

Ce pupitre rappelle le travail de l'objet précédent.

Il est orné de quatorze panneaux également de style gothique, mais figurant des rosaces. Les panneaux supérieurs de droite et de gauche portent à leur centre un écusson sur lequel se trouve peint un Léopard passant, mais dans la position renversée. L'attitude que l'artiste a attribuée à cet animal, symbolise la puissance de la foi.

Pl. II.

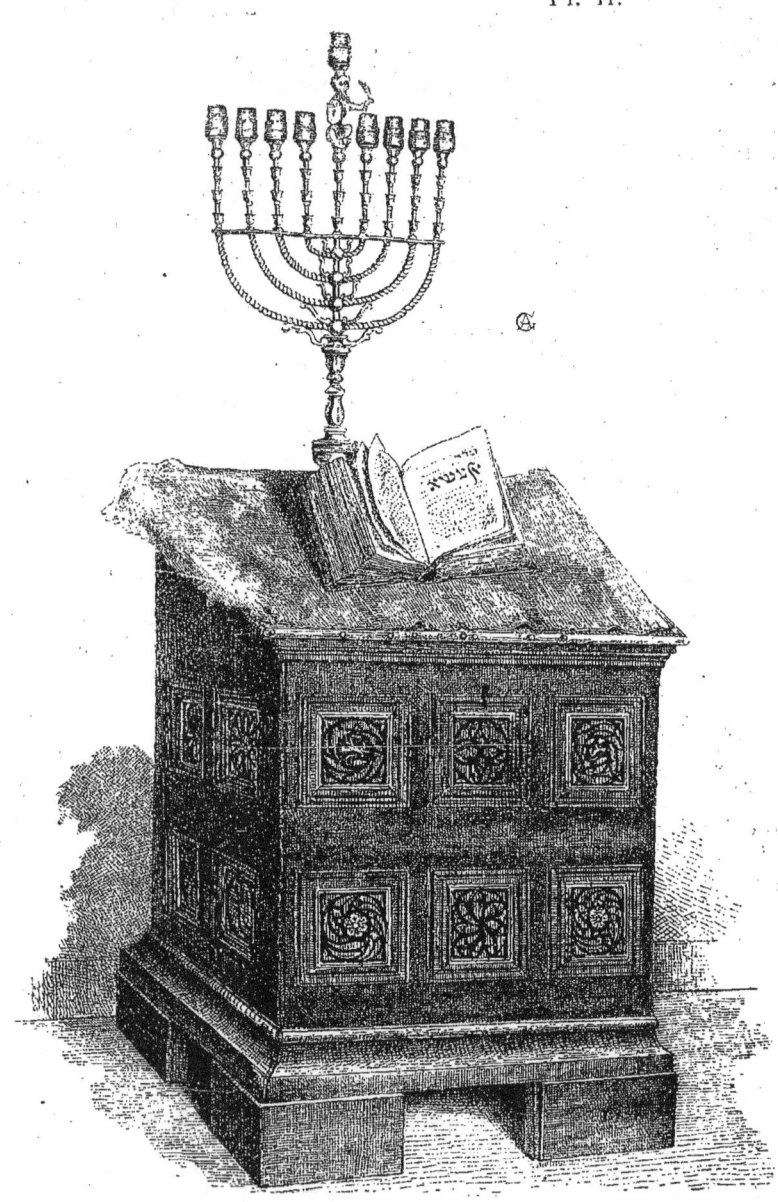

N° 2. — *Pupitre de l'officiant* תבה

Un chandelier en bronze à huit branches surmonte ce pupitre. Une neuvième branche mobile est supportée par un lion debout, qui s'appuie à droite sur un écusson et à gauche tient une palme.

Hauteur, 1 m. 05.— Largeur, 85 cent.— Profondeur, 60 cent.

N° 3. — TABERNACLE PORTATIF (Aron Hako-desch) ארון הקדש

Cette arche est en argent ciselé et repoussé, ornée de fleurons en argent, dont le centre est formé par des pierres de plusieurs couleurs. Aux quatre angles sont des colonnes torses dorées et l'entablement supérieur porte une couronne. L'Édicule est terminé par une figure d'enfant tenant un instrument de musique.

Ce tabernacle renferme les rouleaux de la loi sacrée écrite sur parchemin ספר תורה et entourés de la Mappa מפה. La Mappa est une longue bande de toile blanche, sur laquelle se brode le nom de chaque enfant mâle et la date de sa naissance, et qui se dépose au temple où l'on s'en sert pour entourer les textes sacrés. C'était une sorte de registre de naissances; et lors de la Révolution, quand il s'est agi en France d'établir l'État Civil exact des jeunes Israélites appelés pour la première fois au service militaire, on s'est servi de ces bandes, quand les autres documents manquaient.

Le rouleau lui-même présente une particularité digne

d'être notée. Toutes les colonnes commencent par la même lettre, la conjonction ו, à l'exception de six, ou la tradition indique le mot qui doit être en tête.

Cet objet que l'on peut rapporter à la fin du xvii⁰ siècle, semble être de travail allemand. Il servait aux cérémonies du culte privé de la famille et était renfermé dans un étui en cuir gaufré, qui permettait de l'emporter en voyage.

Hauteur, 0 m. 56. — Largeur, 0 m. 20. — Profondeur, 0 m. 15.

## N° 4. — CHANDELIERS

Les deux objets sont en bois sculpté, sur un soubassement carré. Une colonne cannelée porte une seconde colonne torse ornée de feuillages en relief et surmontée d'une sorte de couronne, d'où émerge le porte-cierge.

Hauteur, 2 mètres.

## N° 5. — CHANDELIER A HUIT BRANCHES קנרה

Ce chandelier est en argent. Le soubassement porté par quatre lions tenant des écussons est composé de deux plaques de différentes dimensions, superposées et travaillées à jour. De ces plaques part une colonne d'où s'écartent, au nombre de quatre de chaque côté, les branches qui supportent les bras de lumière. Chaque bec porte un sujet symbolique et la colonne sur laquelle est fixé le Conducteur, שמש, (bec mobile destiné à allumer les autres), est surmontée d'une couronne sur la plate-forme de laquelle se dresse la figurine de Juda Machabée tenant d'une main un glaive et de l'autre la tête du général ennemi Lysias. De chaque côté de la colonne au-dessous sont figurés deux guerriers armés de lances. Ce chandelier sert exclusivement aux illuminations de la fête des Machabées. Travail du commencement du XVIII siècle.

Hauteur, 0 m. 56. — Largeur, 0 m. 35.

## N° 6. — CHANDELIER A HUIT BRANCHES.

Même usage que le précédent. Ce chandelier affecte la forme d'une applique. Il se compose d'une plaque en argent repoussé, richement ornementée de motifs d'architecture et de guirlandes de feuillage.

Au centre, un écusson porte la représentation d'un chandelier à sept branches, sur la base duquel figure l'inscription suivante :

כי נר מצוה ותורה אור

(*Car les commandements et la loi sont la lumière*).

Les becs forment le soubassement, en haut est le bec conducteur.

Le remarquable travail de cet objet peut être attribué au XVII siècle.

## N. 7. — CHANDELIER A HUIT BRANCHES.

Même destination que les précédents. Il est en argent et se compose d'une sorte de terrasse supportée par quatre pieds. Trois des côtés de la terrasse sont garnis d'une balustrade à jour, le quatrième porte une plaque en argent repoussé, décorée de deux colonnes enguirlandées sur lesquelles deux lions affrontés supportent une couronne d'où tombent des draperies qui encadrent les tables de la loi.

Les becs sont mobiles et ont la forme de petits vases à anses qui reçoivent l'huile et dont le couvercle figure un lion accroupi, par la gueule ouverte duquel passe la mèche. Le bec conducteur est un lion debout, en avant d'un petit édifice que surmonte une colombe. Travail du XVII<sup>e</sup> siècle.

## N° 8. — CHANDELIER A HUIT BRANCHES.

Même destination. Cet objet se compose d'une plaque en cuivre, travaillée à jour; de chaque côté se profilent les figures de Moïse tenant les tables de la loi et d'Aaron en costume de grand-prêtre. XVIII<sup>e</sup> siècle.

## N<sup>os</sup> 9 et 10. — CHANDELIERS A HUIT BRANCHES.

Ils se composent de plaques de cuivre travaillées à jour et surmontées de figurines et d'arabesques dans le goût de la Renaissance Italienne.

Pl. V.

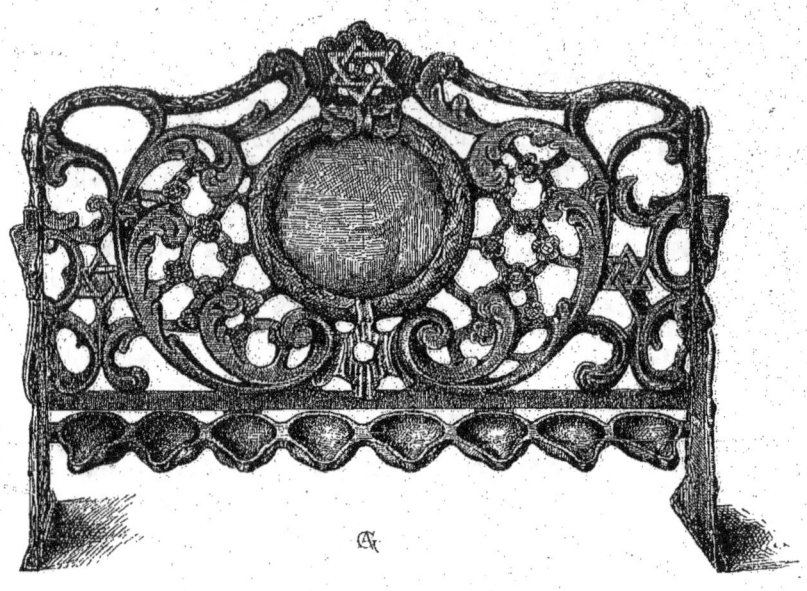

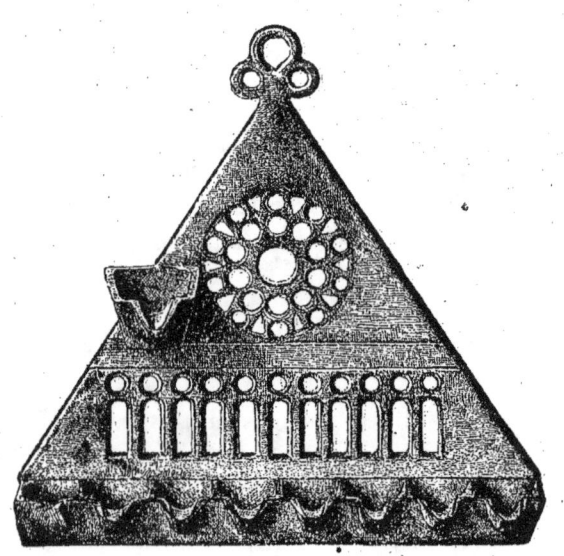

Nos 8 et 14. — *Lampes à huit becs*

Nos 11 et 12. — CHANDELIERS A HUIT BRANCHES.

Ces objets pareils de forme, présentent les mêmes ornements, assemblage assez hétérogène de sujets profanes et chrétiens.

Ils se composent d'une plaque rectangulaire surmontée d'un fronton sur lequel se détache en bas relief le pélican symbolique. Au milieu de la plaque dans un encadrement formé de deux dauphins, la tête de Méduse. De chaque côté de ce médaillon, une centaure enlevant une nymphe. Ce travail rappelle certaines compositions décoratives de la Renaissance Italienne, et entr'autres les dessins de Mantegna.

N° 13. — CHANDELIER A HUIT BRANCHES.

Même destination. Il est en cuivre, de forme d'appliple ; la plaque du fond est ornée de lions affrontés et tenant un vase surmonté d'une flamme.

Au-dessus, sur une sorte de frise, se trouve l'inscription déjà mentionnée :

כי נר מצוה ותורה אור

(*Car les commandements et la loi sont la lumière*).

## N° 14. — CHANDELIER A HUIT BRANCHES.

Même destination. La plaque de bronze de ce chandelier présente la forme triangulaire d'un fronton d'église Romane. Elle est percée d'une rosace qui surmonte une galerie à jour qui court au-dessus des becs. On peut en faire remonter l'exécution au XII° ou XIII° siècle. Cet objet, dont la patine verte est fort belle, a dû être longtemps enfoui. Il a été trouvé à Lyon dans des fouilles pratiquées dans l'ancien quartier des juifs.

## N° 15. — BOITE A PARFUMS POUR L'HABDALA
להבדלה

Cette pièce d'orfèvrerie représente une tourelle carrée à deux étages, surmontée d'une flèche. Elle est en filigrane d'argent, ornée de pierres de couleur et de quinze émaux représentant des sujets bibliques. Travail Italien de la fin du XVII° siècle.

Cet objet sert à la prière prononcée à la fin du samedi par le chef de la famille et est tenu par le plus jeune membre de l'assistance. Il renferme des parfums qu'aspirent les personnes présentes, et est surmonté d'un petit cierge qu'on allume ; signe de la fin du sabbat, pendant lequel on ne fait ni feu ni lumière ; on éteint le cierge dans le vin qui a servi à la bénédiction.

Pl. VI.

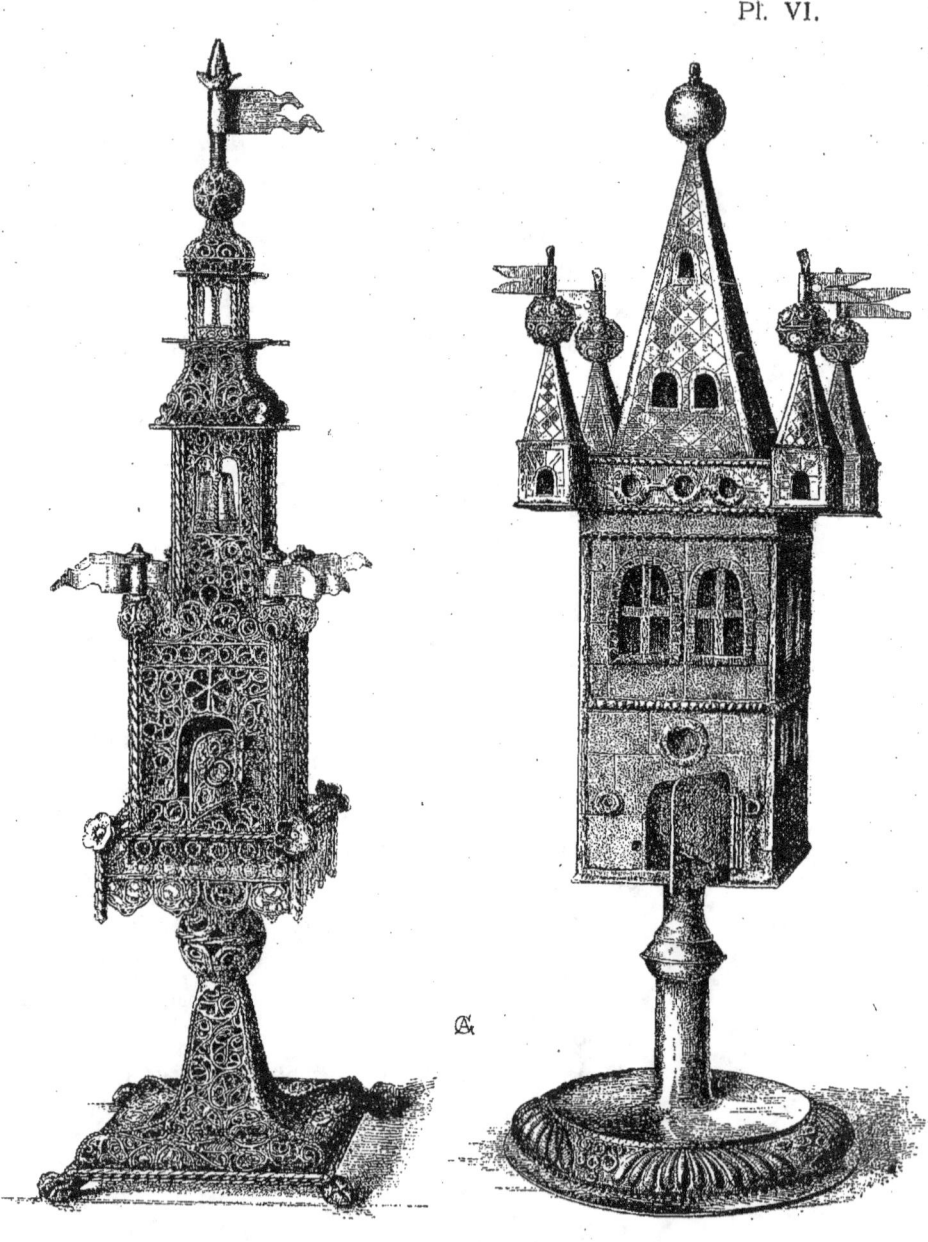

Nos 16 et 18. — *Boîtes à parfums* להבדלה

N° 16. — BOITE A PARFUMS.

Même objet en filigrane d'argent. Même usage. Il se compose d'un pied carré supportant une plate-forme entourée d'une balustrade à jour, d'où s'élèvent, superposées, deux tourelles carrées dont le toit, en forme de belvédère, affecte la forme orientale. A chaque angle de la balustrade et de la base du toit, sont des fleurons en argent émaillé.

Les quatre angles de la première tourelle portent des girouettes dorées et mobiles, ainsi que la flèche qui surmonte le toit.

A l'intérieur de la seconde tourelle est suspendue une petite clochette.

Cet objet d'une forme très élégante est d'un travail italien très fin.


N° 17. — BOITE A PARFUMS.

Cette boîte à la forme d'une tourelle hexagonale à deux étages surmontée d'un toit en flèche, percé d'ouvertures étoilées.

Les ouvertures qui se trouvent sur chaque pan de la tourelle, sont fermées par des plaques à jour qui rappellent le style mauresque et se composent de petites rosaces accolées les unes aux autres. Une porte de même dessin permet l'introduction des aromates.

## N° 18. — BOITE A PARFUMS.

Cette pièce en argent repoussé est formée d'une tour carrée percée d'ouvertures en plein cintre, à meneaux en croix.

La partie supérieure ornée d'une balustrade à jours ovales, porte à chaque angle et en dehors une tourelle carrée, à toit en poivrière surmonté d'une boule et d'une girouette. Le toit de l'Edicule est également en flèche, percé d'ouvertures et quadrillé en losanges, qui rappellent la disposition des tuiles sur un toit véritable. Le tout est porté sur pied cylindrique qui sort d'une plate-forme circulaire, dont le bord représente un dessin exécuté au repoussé. Le travail est du XVI$^e$ siècle.

## N° 19. — BOITE A PARFUMS.

La disposition générale est celle de la précédente : une tour surmontée de quatre tourelles. Au lieu d'une porte pour l'introduction des parfums, toute la partie supérieure se lève au moyen d'une charnière établie sur l'un des côtés. A chaque angle inférieur de la tour est suspendue une clochette en argent doré. Les ouvertures des pans de la tour sont circulaires et quadrillées à jour. Travail du XVI$^e$ siècle.

Pl. VII.

N° 20. — BOITE A PARFUMS.

Dans cette pièce en argent, la disposition de la partie destinée à recevoir les parfums est toute différente : un tiroir à quatre compartiments joue dans une boîte supportée par une statuette d'enfant dont le pied gauche repose sur la tête d'un dauphin. La queue du dauphin entoure le bras de la statue.

La partie supérieure de la boîte porte une seconde figurine, entre les mains de laquelle s'élève le porte-cierge. Toutes deux sont très-finement modelées, et le travail peut en être rapporté à la fin du xvie siècle.

N° 21. — BOITE A PARFUMS.

Cet objet, qui affecte aussi la disposition d'une boîte à tiroir, est très-simple et se compose d'un pied cannelé supportant une boîte carrée. Le long de quatre tiges s'élevant des coins de cette boîte, glisse le porte-cierge.

N° 22. — BOITE A PARFUMS.

C'est une boîte carrée en argent ciselé, décorée sur les côtés de guirlandes de fleurs et de fruits et supportée par quatre pattes de lion.

Le couvercle de cette boîte glisse horizontalement dans une rainure et est orné du même dessin que les côtés. Il porte un petit chandelier.

### N° 23. — BOITE A PARFUMS.

Cette pièce importante par l'originalité de sa forme, est en argent doré et repoussé ; elle se compose de quatre compartiments en forme de cœur, opposés bout à bout. Les couvercles de ces compartiments sont des cœurs en relief, en argent repoussé et surmontés d'une petite palme dorée dont l'extrémité porte un fleuron orné d'émeraudes cabochon.

Ces couvercles sont reliés par un bouquet de fleurons analogues, qui se visse à leur point d'intersection.

Le tout est porté par quatre pieds d'un travail léger et élégant.

### N° 24. — BOITE A PARFUMS.

C'est une simple boîte en bronze, à quatre compartiments intérieurs, dont le couvercle ciselé d'arabesques porte au centre un grand losange incrusté de lames de nacre. Le milieu de ce losange est occupé par un second losange en cristal de roche, sous lequel apparaît un lion héraldique.

Sur les côtés du losange sont également incrustés quatre petits cabochons. Travail du xvi° siècle.

N° 25. — COURONNE כתר.

Cette couronne en argent doré à six pans, ornée de fleurs et de fruits incrustés au repoussé et décorée de nombreuses arabesques répétant les mêmes motifs, servait à surmonter les rouleaux de la loi. A la partie supérieure, sur une seconde couronne plus petite, se lit en caractères hébraïques, l'inscription suivante :

Cet objet a été offert au temple par Rabbi Abraham et Sarah Kahn en l'an 1780.

N° 26. — TASS (Plaque ornementale) ט.

Cette plaque en argent d'un travail à jour est de forme rectangulaire. Une bordure demi-cylindrique l'entoure. A la partie inférieure sont attachées trois clochettes. La décoration intérieure se compose d'un cadre destiné à recevoir une plaque mobile qui porte le nom de la fête que l'on célèbre. Ce cadre est flanqué de deux demi-colonnes, surmontées de petits anges agenouillés. Au haut et au milieu du cadre, une tête de chérubin, sous une demi-couronne; à droite et à gauche, à l'extérieur des demi-colonnes, deux anges à vêtements flottants se font face dans l'attitude de l'adoration. Au-dessus, deux demi-couronnes plus petites que celles du milieu.

Au-dessous du cadre, deux lions passants et affrontés semblent supporter un ornement en forme de rosace, qu'on retrouve sous les pieds des anges. Au bas de chaque colonne, une tête de chérubin. Tous ces ornements sont en argent doré. Les arabesques qui forment le fond de la plaque représentent des fleurs et des fruits. Trois chaînes réunies par un crochet, servent à suspendre cet objet destiné à orner les rouleaux de la loi.

On peut faire remonter au xvii<sup>e</sup> siècle, ce travail d'orfèvrerie fort remarquable.

## N° 27. — TASS.

Cette plaque en argent doré est pleine et supporte entre deux colonnes une sorte de petit tabernacle, dont les portes à jour, s'ouvrent pour laisser voir la représentation des rouleaux de la loi. Également en argent doré, ce tabernacle est surmonté d'une couronne que portent deux colombes et semble poser sur deux cerfs courants et affrontés, entre lesquels une plaque rectangulaire à angles coupés, porte l'inscription : *Samedi* שבת. Une seconde inscription au-dessous des cerfs signifie : *Sois prompt comme le cerf (à remplir les commandements divins)* רץ כצבי

Quatre lions de différentes dimensions et affrontés ornent la partie supérieure de la plaque. Deux d'entre eux supportent une grande couronne. Travail de la fin du xvii<sup>e</sup> siècle.

N° 28. — TASS.

Cette plaque de style rocaille porte au centre, en dessous d'une couronne, un cartouche où sont gravés les dix commandements. Travail du xviii° siècle.

N° 29. — TASS.

Cette plaque présente la même disposition générale que les précédentes. Elle est en argent repoussé et ornée de trois clochetons.

N° 30. — TASS.

Cette plaque dont la disposition rappelle celle de la plaque n° 27, porte des ornements en filigrane d'argent et la base des colonnes qui est carrée est décorée de pierres de couleurs d'assez grandes dimensions. Les colonnes elles-mêmes sont d'un travail intéressant et leur chapiteau est à volutes. Ce travail est de la fin du xvie siècle.

N° 31. — TASS.

Cette plaque de forme ovale est en argent repoussé et présente des arabesques du meilleur goût et des guirlandes de fleurs et fruits fort artistement groupés.

Une torsade circulaire encadre au centre la représention des tables de la loi. Au-dessous un petit cartouche destiné à recevoir la plaque qui porte le nom de la fête qu'on célèbre.

N° 32. — MAIN INDICATRICE יד

Cette main d'un travail très-intéressant, se compose d'une tige sur laquelle s'étagent successivement un lion tenant les tables de la loi qui portent l'inscription suivante א׳כ׳ל׳ל׳ל׳ל׳ (Initiales des dix commandements) et surmontent une couronne ornée de palmes et de fleurons. Puis au-dessous deux lions qui semblent grimper le long d'un arbre chargé de feuilles et de fleurs. Ensuite une boule en argent doré et ciselé d'où sort une série de feuilles imbriquées et ornées de fruits. La main apparaît enfin à l'extrémité d'un cône et d'une boule travaillée à jour, en argent ciselé.

Cette main sert à l'officiant pour suivre le texte sacré sur les rouleaux de la loi.

Travail du XVII° siècle.

N° 33. — MAIN INDICATRICE.

Cette main en argent est fixée à l'extrémité d'une tige, dont le milieu et l'autre extrémité sont occupés par des boules ciselées et travaillées à jour. La tige, très-mince, est en spirale et également à jour. Travail du xvii<sup>e</sup> siècle.

N° 34. — MAIN INDICATRICE.

Cette main est à l'extrémité d'une tige divisée par une boule, en deux parties de travail différent. La première près de la main est torse, la seconde est carrée et porte sur chaque face une inscription hébraïque, d'où il résulte que l'objet a été donné à la synagogue de Magdebourg par Rabbi Éléazar Ahlfeld et sa femme Rébecca, fille de Samuel Hirsch, en 1713.

N° 35. — MAIN INDICATRICE.

Cette main, de forme presque absolument semblable à la précédente, porte une inscription qui en fait la propriété du savant Rabbi Jacob de Bouschin, en 1710.

N° 36. — MAIN INDICATRICE.

L'ornementation rappelle celle de la précédente.

N° 37. — MAIN INDICATRICE.

C'est une simple tige torse, à une extrémité se trouve la main, à l'autre une boule.

Toutes les mains ont un anneau dans lequel passe une chaîne qui sert à les suspendre sur le rouleau.

N° 38. — BOITE EN VERMEIL.

Cette boîte, de style rocaille en argent doré et repoussé, sert à conserver le cédrat Ethrog אתרוג dont on fait usage pour la fête des tabernacles. Inscription :

בא סכות בא שמחה

(*La fête des tabernacles amène la joie*).

N° 39 — BOITE EN ARGENT.

Cette boîte en argent de même destination que la précédente, offre à peu près la même forme. Les ornements en sont analogues.

N° 40. — ORNEMENTS DU ROULEAU DE LA LOI OU BOIS DE LA VIE עץ חיים

Ces deux objets semblables en argent doré, sont des cylindres supportés par des pieds circulaires ornés de feuilles d'acanthe en argent ciselé. Ce dessin se répète au milieu et au sommet des cylindres que terminent des couronnes fermées surmontées d'une pomme de pin, et à l'intérieur desquelles sont suspendues des clochettes.

Ces objets se placent aux extrémités des bois sur lesquels s'enroule et se déroule le rouleau de la loi. D'où le nom de Bois de la vie.

N° 41. — ORNEMENTS DU ROULEAU DE LA LOI.

Ces Bois de la vie, en argent, ont la forme de petits pavillons carrés. La plate-forme inférieure supporte quatre colonnes torses que couronne une seconde plate-forme et une coupole demi-sphérique, travaillée à jour. Une clochette se trouve à l'intérieur des colonnes.

N° 42. — GOBELET כוס

Ce vase de forme hexagonale en argent doré est monté sur un pied circulaire très-court. Chaque face porte des ornements ciselés et repoussés, d'un art assez primitif et deux inscriptions dont le texte présente les deux variantes du quatrième commandement :

שמור את יום השבת לקדשו
זכור את יום השבת לקדשו

(*Souviens-toi du Sabbath pour le sanctifier.*)

Cet objet sert aux bénédictions le samedi et les jours de fête.

N° 43. — GOBELET.

Même usage. Ce gobelet en argent doré a la forme d'un calice. Il est octogonal et monté sur un pied élevé assez élégant. Sur chaque pan sont ciselés des ornements dans le goût rocaille.

Au-dessus court une inscription :

וידבר משה את מועדי יי אל בני ישראל

(*Moïse expliqua aux enfants d'Israël les fêtes de l'Éternel*).

N° 44. — GOBELET.

Même usage. Ce vase de forme circulaire en argent doré n'a pas de pied. La panse assez renflée est ornée d'a-

Pl. X.

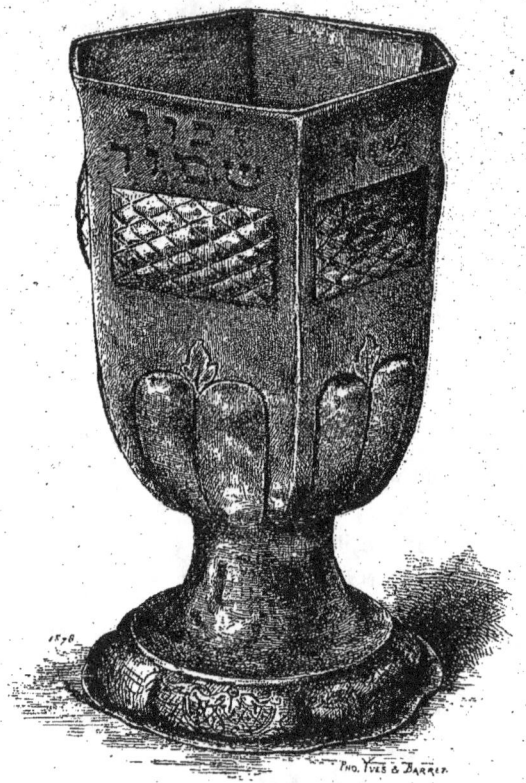

N° 42. — Gobelet כוס

rabesques, fleurs, feuilles et fruits élégamment dessinés et qui encadrent deux cartouches ovales sur lesquels se lit l'inscription suivante כוס של ברכה dont le [sens] est : *Coupe pour la bénédiction.*

### N° 45. — COUPE DE CIRCONCISION.

Cet objet en argent doré et repoussé a une forme élégante et qui rappelle le profil de certaines coupes antiques. L'intérieur représente la cérémonie de la circoncision dans laquelle figurent six personnages. Une seule anse subsiste des deux qui autrefois ornaient cette coupe dont le travail très-fin peut-être attribué à un artiste de la Renaissance (XVIe siècle). Le bord, plat, porte ciselé le verset de la Genèse :

וימל אברהם את יצחק בנו בןשמנם ימיט כאשר צוה אתו אלהים

(*Et Abraham circoncit son fils Isaac à l'âge de huit jours comme Dieu le lui avait commandé*).

### N° 46. — COUTEAU DE CIRCONCISION.

Le manche en argent de ce couteau est orné de cabochons. Sur l'une des faces est ciselée la scène de la circoncision ; sur l'autre, l'opérateur se rendant à la maison. Le dessin est très-naïf. La lame du couteau est très-usée.

## N° 47. — ETUI A MANUSCRIT (Meghila) מגלה

Ce bijou d'argent émaillé est enrichi de pierreries. Il est de forme hexagonale, surmonté d'une sorte de dôme et supporté par un manche tournant sur lequel s'enroule, à l'intérieur, le parchemin où est écrite l'histoire d'Esther. Ce bijou spécial aux femmes, leur servait à suivre la lecture du texte le jour de la fête d'Esther (Purim) פורים.

Les artistes et les scribes s'ingéniaient à exécuter le texte et l'étui de la plus petite dimension possible. Cet étui est d'un travail très-achevé, et comme style, du xvi$^e$ siècle.

## N° 48. — CASSOLETTE.

Ce bijou en argent doré, représente en trophée les différents objets du culte au temple de Jérusalem : Le chandelier à sept branches, les tables de la loi, l'encensoir, la mitre du grand prêtre, une lampe se groupent autour d'un nuage d'où sortent des rayons et sur lequel est inscrit, des deux côtés, le mot *Schadaï* : (*Seigneur*) שדי.

Au-dessous, un écusson entouré d'ornements et surmonté d'un casque dont le cimier est un aigle les ailes déployées.

Le bijou se termine à la partie supérieure par une couronne fermée. L'un des écussons est mobile sur une vis à boulon, ce qui permet d'introduire les parfums dans une petite boîte intérieure.

Il est difficile de préciser exactement la destination de cet objet qui servait probablement aux femmes comme porte-odeurs, au temple, le jour du grand-Pardon.

Ce bijou remarquable comme composition artistique est du XVIᵉ siècle.

N° 49. — BAGUE DE FIANÇAILLES.

Ce bijou est en or émaillé de plus d'un centimètre de largeur ; cinq fleurons de filigrane d'or portent au centre une marguerite émaillée de blanc, jaune et vert. Le chaton de la bague est en forme de toit mobile, tournant autour d'une charnière, les tuiles y sont figurées par de petites plaques d'émail des mêmes couleurs. Une torsade d'or limite les profils du bijou, qui porte à l'intérieur gravé sur une plaque d'or l'inscription : מזל טוב *bonne étoile* terme de félicitation traditionnel. Le musée du Louvre possède une bague semblable. Le travail est du XVIᵉ siècle.

N° 50. — BAGUE DE FIANÇAILLES.

Cette bague en or, porte des ornements en relief, arabesques terminées par des grappes de raisin et tournant autour de petites sphères d'or, disséminées sur la surface courbe du bijou. Le chaton représente un pavillon carré, à deux étages, travaillé à jour ; dont le toit porte sur deux des côtés les initiales מ״ט de la formule de félicitation susmentionnée. Pour la composition artistique et le fini du travail, cet anneau peut être considéré comme un spécimen des plus rares. Travail de la Renaissance

N° 51. — BAGUE DE FIANÇAILLES.

Même objet. Cette bague très-simple, en or, n'offre d'intérêt que dans le chaton qui représente une maison avec ouvertures carrées sur chacune des faces, et cintrées sur les pignons. Le toit porte l'inscription ordinaire et les profils sont limités par une torsade d'or. Travail ancien et assez naïf, qu'on peut faire remonter au XIIIe siècle.

N° 52. — BAGUE DE FIANÇAILLES.

Même objet. Ce bijou, plus large que les précédents, se compose de deux anneaux superposés et ornés de 12 têtes de lion, dont la gueule porte un petit anneau d'or mobile. Le chaton est remplacé par une porte qui est ornée de deux lions entiers en relief, enchaînés par le milieu du corps. Cette porte recouvre deux feuillets en or sur le premier desquels figure l'inscription ordinaire ; sur le second, se trouve une inscription à demi-effacée, mais qui paraît être le nom des fiancés. Cette bague intéressante est un travail de la Renaissance.

— N° 53. — BAGUE DE FIANÇAILLES.

Même objet. Ce bijou se compose d'une large bande d'or sur laquelle posent six fleurons à jour ornés de petites sphères d'or régulièrement distribuées Les profils de cette bague sont limités par des torsades en filigrane, et les intervalles entre les fleurons et ces torsades sont remplis de feuilles et fleurs émaillées bleu et vert.

A l'intérieur sont gravées les initiales de la formule de bon souhait. Époque de la Renaissance.

N° 54. — BAGUE DE FIANÇAILLES.

Cette bague, en or, se compose de deux anneaux superposés dont l'ornementation est faite de petits fleurons à jour et de fleurs émaillées bleu au nombre de dix. Travail du XVIe siècle.

N° 55. — BAGUE DE FIANÇAILLES.

Cette bague présente la même ornementation que la précédente, mais elle se compose d'un anneau simple et l'émail est vert. Même époque que ci-dessus.

Nos 56 et 57. — BAGUES DE FIANÇAILLES.

Anneaux doubles, en or, ornés de fleurons en filigrane alternés de petites sphères d'or, placées deux à deux.

Nos 58 et 59. — BAGUES DE FIANÇAILLES.

Mêmes objets. Anneaux simples, dont le style rappelle, sans l'égaler, celui de la bague nº 53 du catalogue. Les fleurs et feuilles émaillées sont remplacées par des arabesques de filigrane, terminées par de petites sphères d'or. Époque de la Renaissance.

Nº 60. — BAGUE DE FIANÇAILLES.

Cet anneau simple se compose d'un cercle d'or limité par des fils d'or tressés et porte en relief les six lettres de l'inscription traditionnelle : *bonne étoile*, alternant avec un ornement d'or également en relief.

Nos 61, 62, 63. — BAGUES DE FIANÇAILLES.

Ces trois bagues en bronze doré, ne diffèrent de la précédente que par le métal dont elles sont fabriquées.

## N° 64. — BAGUE.

C'est un anneau d'or dont le chaton ovale est un onyx qui porte, gravé en relief et en lettres hébraïques, l'inscription suivante :

יראת אלקים קדמון לכל דבר

(*La crainte de Dieu avant toutes choses*).

## N°s 65, 66, 67, 68, 69. — BAGUES.

Ces bagues, en cuivre, portent, gravés en creux sur leur chaton, les noms des possesseurs et une sorte de blason ; ainsi pour la famille d'Aaron, (*le Cohen*), deux mains étendues, signe distinctif du prêtre ; pour d'autres de simples signes du zodiaque.

## N° 70. — MANUSCRIT.

Ce manuscrit est écrit sur parchemin et renferme le rituel de différentes fêtes de l'année. En dehors de quelques rubriques, il ne présente pas d'ornements remarquables. Il figure dessiné dans la planche n° 2 sur le pupitre de l'officiant.

N° 71. — LIVRE DE PRIÈRES.

Ce livre est entièrement relié en argent. Les plats portent des arabesques d'assez bon style, en repoussé, et au centre, un écusson aux initiales W. D. Deux fermoirs assujettissent la reliure ; la tranche est dorée et gauffrée d'arabesques. Les tranche-fils sont recouverts d'une plaque en argent.

N° 72. — LIVRE DE PRIÈRES.

Il est relié en bois, recouvert de vélin ; sur les plats, des ornements dorés et une dentelle assez large ; quatre coins en argent sur chaque plat et un fermoir en argent travaillé à jour. Ce livre a été imprimé à Amsterdam en 1768.

N° 73. — LIVRE.

Ce livre qui contient, traduit en Espagnol, le Pentateuque, a été imprimé à Amsterdam en 1655, et exécuté par les ordres du savant Menasseh ben Israël. Il est relié en écaille avec coins et fermoirs en argent. La tranche est dorée et gauffrée.

N° 74. — CONTRAT DE MARIAGE תנאים

Ce contrat, sur parchemin et richement enluminé est celui d'un baron Sina; il est daté de Venise 1756; il porte entr'autres ornements l'écusson des Sina, et une inscription en hautes lettres dorées et en langue Chaldéenne, est la même que l'inscription des bagues. Une autre inscription, en lettres plus petites, court en carré autour du texte et signifie : *Et tout le peuple qui était à l'entrée et les anciens et les témoins dirent: Que Dieu fasse que la femme qui entre dans la maison, soit comme Rachel et comme Lia qui ont bâti la maison d'Israël.* (Livre de Ruth).

N° 75. — CONTRAT DE MARIAGE.

Cet acte, sur parchemin, a été signé à Ancône en 1776.

N°ˢ 76, 77, 78, 79, 80. — ROULEAUX DE PARCHEMIN.

Ces rouleaux ornés de miniatures et de figures dessinées à la plume ou imprimées et coloriées à la main, renferment l'histoire d'Esther en différents panneaux. L'un de ces panneaux est reproduit dans la planche qui représente la Méghila n° 47, et peut donner une idée du reste du travail.

N° 81. — RIDEAU DE TABERNACLE פרכת

Ce très-riche rideau est en velours rouge orné d'ornements découpés en soie de couleur bleue et verte et en étoffe d'or et d'argent. Ces ornements sont appliqués et cousus sur le fond. Au centre, sont brodés en caractères hébraïques et en or sur des tables de la loi en étoffe d'argent, les dix commandements. Ces tables sont surmontées de la couronne traditionnelle. Ce rideau sert à masquer le tabernacle dans lequel sont enfermés les rouleaux de la loi.

N° 82. — RIDEAU DE LA THEBA.

Ce rideau est de même travail que le précédent et sert à recouvrir le pupitre de l'officiant.

סוף

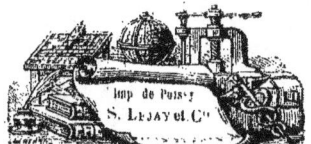

www.ingramcontent.com/pod-product-compliance
Lightning Source LLC
Chambersburg PA
CBHW030050230526
45471CB00003B/1026